100 MOMENTS INOUBLIABLES DU FOOTBALL

FRANÇAIS

Sommaire

01-Introduction

Ballon datant des années 1900

"100 moments inoubliables du Football Français"

Célébrez l'héritage du football français à travers ce livre

captivant qui réunit les 100 moments les plus marquants

de son histoire.

De la gloire des victoires en Coupe du Monde aux matches

qui ont fait battre le cœur des fans,

chaque page vous fait revivre les émotions

qui ont sculpté ce sport en France.

Destiné aux passionnés de tous âges,

ce livre propose également un quiz divertissant à la fin

pour tester vos connaissances et vous défier

sur les faits saillants du football français.

Parfait pour les fans de longue date

ainsi que pour les nouveaux admirateurs,

ce livre est un hommage vibrant aux exploits, aux déceptions

et aux triomphes qui ont défini le football français.

02-Origine de football, Aperçu historique

Joueur de football des années 1900

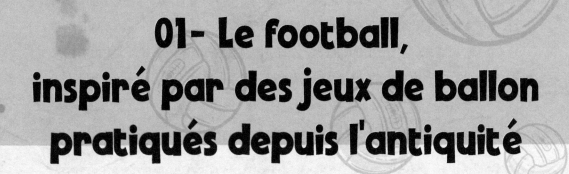

01- Le football, inspiré par des jeux de ballon pratiqués depuis l'antiquité

Uniforme de footballeur des années 1900

"Cuju", Chine ancienne
Origines et Étymologie

Le terme "Cuju" se traduit littéralement par"coup de pied au ballon".
Le jeu est mentionné pour la première fois dans le "Zhan Guo Ce",
un ouvrage ancien qui décrit les événements et les coutumes
de l'époque des Royaumes combattants en Chine (475-221 avant J.-C.).

Règles du Jeu

Le Cuju se jouait avec un ballon rempli d'air, souvent en cuir,
et pouvait être joué sur un terrain marqué par des lignes.
Le but du jeu était de frapper le ballon avec les pieds
et de le faire passer à travers une ouverture dans un filet.
Contrairement au football moderne,
l'utilisation des mains n'était pas autorisée.
Les règles pouvaient varier considérablement d'un endroit à l'autre
et d'une époque à l'autre.
Par exemple, dans certaines variantes, il n'y avait pas de buts
et le jeu se concentrait sur la capacité à contrôler le ballon
avec agilité et précision.

Usage Social et Militaire

Initialement, le Cuju était pratiqué par les militaires
pour améliorer leur condition physique.
Plus tard, il est devenu un sport populaire parmi la noblesse et le peuple.
Des matchs de cuju étaient souvent organisés lors de festivals
ou de célébrations royales.
Il avait aussi une dimension sociale, renforçant les liens entre
les participants et servant de divertissement pour la communauté.

Impact Culturel

Le Cuju a influencé non seulement
le développement du football moderne,
mais aussi d'autres jeux de ballon à travers l'Asie,
tels que le Kemari au Japon. En 2004,
la FIFA a officiellement reconnu la Chine comme
la première patrie historique du football,
en raison de l'histoire du Cuju.

Déclin et Héritage

Avec l'effondrement de la dynastie Ming
et les changements dans les activités de loisir,
le cuju a progressivement décliné et a finalement disparu
en tant que forme populaire de divertissement.
Cependant, son influence sur le football et autres jeux similaires
reste un témoignage de son importance historique.

Le Cuju est un exemple fascinant de la manière

dont les sports peuvent évoluer

et influencer différentes cultures à travers les âges,

jouant un rôle significatif dans le tissu social

et culturel d'une société.

Tribunes de football des années 1900

Episkyros, Grèce antique

Origines et Description

L'Episkyros, parfois appelé aussi « Episkyros »
ou « Harpastum » par les Romains,
était très populaire en Grèce antique.
Les références à ce jeu remontent au moins au 4e siècle avant J.-C.
Bien que les détails spécifiques soient parfois flous,
des représentations sur des vases et d'autres artefacts fournissent
des indices sur la manière dont il était joué.

Règles du Jeu

Le jeu se jouait avec une balle,
souvent faite de vessie de porc remplie de cheveux ou de paille,
enveloppée de cuir. Il se pratiquait entre deux équipes
qui pouvaient compter entre 12 et 14 joueurs chacune.
Le terrain était divisé en deux par une ligne centrale,
avec des marques aux extrémités du terrain
qui servaient probablement de buts.
Le but de l'Episkyros était de lancer la balle
au-dessus de la ligne adverse
tout en empêchant l'équipe adverse de faire de même.
Le contact physique était une composante importante du jeu,
et il était courant que les joueurs se bousculent ou se plaquent,
d'où sa ressemblance avec le rugby.

Tribunes de football des années 1910

Aspects Sociaux et Culturels

L'Episkyros n'était pas seulement un passe-temps,
mais aussi un entraînement physique pour les jeunes hommes,
similaires aux fonctions éducatives et militaires du sport
dans de nombreuses cultures.
Il était associé à l'agôn, l'esprit de compétition
qui était central dans la culture grecque antique.

Impact et Héritage

Bien que l'Episkyros ait été largement remplacé par d'autres formes
de divertissement et de compétition à mesure que la Grèce évoluait,
l'influence du jeu peut être vue dans le développement ultérieur
des sports d'équipe en Europe.
Sa structure et ses règles élémentaires
reflètent celles de nombreux jeux de ballon modernes.

Représentations Historiques

Une des représentations les plus célèbres de l'Episkyros se trouve
sur une céramique conservée au Musée National Archéologique d'Athènes,
montrant un joueur en action,
ce qui donne un aperçu précieux de la manière dont le jeu était joué.

L'Episkyros, tout comme le Cuju en Chine,
montre comment des jeux anciens
peuvent être les précurseurs des sports modernes,
ayant évolué à travers les siècles
tout en conservant des éléments fondamentaux
de jeu de balle et d'esprit de compétition.

Harpastum, Rome antique

Origines et Étymologie

Le terme "Harpastum" est dérivé du verbe grec "Harpazo",
qui signifie "saisir" ou "arracher".
Ce nom reflète la nature compétitive et physique du jeu,
où s'emparer de la balle et la garder était essentiel.

Description du Jeu

Le Harpastum se jouait avec une petite balle,
souvent remplie de plumes ou de matière similaire, et recouverte de cuir.
Le jeu se pratiquait sur un terrain rectangulaire,
délimité par des lignes, avec des équipes composées généralement
de petits groupes de joueurs,
bien que le nombre exact ne soit pas clairement documenté.

Règles et Objectifs

Les règles spécifiques du Harpastum ne sont pas entièrement connues,
mais des textes historiques suggèrent
que le jeu impliquait deux équipes essayant de garder
ou de s'emparer de la balle et de la porter
ou de la lancer au-delà d'une ligne de but de l'adversaire.
Le jeu était réputé pour sa nature rude et physique,
avec beaucoup de lutte pour le contrôle de la balle.

Tribunes de football des années 1920

Contexte Social et Culturel

Le Harpastum était particulièrement populaire parmi les soldats romains comme moyen d'entraînement physique.
Le jeu était également apprécié par les citoyens romains et se pratiquait lors de festivités publiques ou comme divertissement

Impact et Héritage

Le Harpastum a influencé d'autres jeux de balle dans l'Europe médiévale et peut être considéré comme un précurseur des sports d'équipe modernes qui impliquent le contrôle et la possession de la balle sous pression physique.
Son esprit compétitif et ses règles rudimentaires peuvent être vus comme les bases des règles de nombreux jeux d'équipe contemporains.

Documentation Historique

Les descriptions du Harpastum sont rares et fragmentées, se trouvant principalement dans quelques textes latins qui mentionnent le jeu en passant, ce qui rend difficile la reconstruction précise de ses règles et de son style de jeu.

Le Harpastum illustre bien comment les jeux antiques peuvent offrir un aperçu de la vie quotidienne et des pratiques culturelles des sociétés historiques, tout en soulignant l'importance universelle et intemporelle du jeu et de la compétition dans l'histoire humaine.

02-Evénement social majeur en Moyen Âge en Europe

Ballon datant des années 1910

Le football pendant le Moyen Âge en Europe était un jeu très différent de ce que nous connaissons aujourd'hui sous le nom de football. Voici quelques détails sur comment ce sport était pratiqué à cette époque :

1.Règles et régulation :

Contrairement au football moderne,
le football médiéval avait très peu de règles.
Les jeux étaient souvent désorganisés,
et il n'y avait pas de limite stricte au nombre de joueurs,
ce qui signifie que parfois des villages entiers participaient.

2.Violence et brutalité :

Le jeu était extrêmement violent et brutal.
Il n'était pas rare que des matchs
se transforment en batailles massives,
avec des blessures courantes et parfois même des décès.
En raison de cette violence,
le football était souvent interdit ou sévèrement réglementé
dans de nombreuses régions.

3.Le terrain de jeu :

Les matchs se jouaient sans terrain défini, ils pouvaient
se dérouler dans des champs, des places de marché,
ou simplement à travers les rues du village.
Les objectifs pouvaient être placés
à des distances considérables l'un de l'autre,
parfois à plusieurs kilomètres.

4.La balle :

Les ballons étaient généralement faits de vessies de porc gonflées ou d'autres matériaux simples enveloppés de cuir. Ils étaient beaucoup moins uniformes et plus difficiles à contrôler que les ballons modernes.

5.Occasions spéciales :

Les matchs étaient souvent joués lors de festivals ou de jours fériés spécifiques, comme le Mardi Gras en Angleterre. Cela faisait partie des festivités et était une occasion pour la communauté de se réunir.

6.Intervention des autorités :

En raison de la nature souvent chaotique et violente du jeu, ainsi que de son impact potentiellement destructeur sur les communautés et les propriétés, de nombreux rois et autorités locales ont tenté d'interdire le jeu à plusieurs reprises.

7.Développement régional :

Bien que les règles variaient considérablement d'un lieu à l'autre, certaines régions ont commencé à formaliser des règles, posant les bases des versions plus régulées du jeu qui se développeraient plus tard.

Tribunes de football des années 1930

03-La naissance de football moderne en Angleterre

Joueur de football des années 1910

Codification des règles

Le tournant décisif pour le football moderne
est survenu au 19e siècle,
lorsque différentes écoles publiques en Angleterre
ont commencé à jouer à des versions du football,
chacune avec ses propres règles.
La nécessité d'uniformiser les règles est devenue évidente,
notamment pour permettre les matchs entre écoles.
En 1848, la première tentative de standardisation
a eu lieu avec les "Règles de Cambridge",
qui ont tenté d'unifier les diverses pratiques.

Fondation de la Football Association

Le 26 octobre 1863,
la fondation de la Football Association (FA) à Londres
a marqué un moment décisif. Cette organisation a été formée
pour établir un ensemble commun de règles.
Après plusieurs réunions,
durant lesquelles les règles du jeu ont été débattues
(notamment l'interdiction de porter le ballon
et de "hacker" - frapper les jambes de l'adversaire),
les "Lois du jeu" ont été publiées.

Séparation du football et du rugby

Les règles définitives ont conduit
à la séparation entre le football et le rugby.
Les clubs qui souhaitaient continuer à utiliser les mains
et à avoir un contact physique plus intense se sont écartés,
ce qui a finalement conduit à la formation
de la Rugby Football Union en 1871.

Professionnalisation et expansion

Dans les années suivant sa codification,
le football a gagné en popularité non seulement
en Angleterre mais dans le monde entier.
La première compétition de coupe,
la FA Cup, a été lancée en 1871.
Le football est devenu professionnel en Angleterre en 1885,
et la Football League a été fondée en 1888,
organisant les premiers championnats.

Impact mondial

L'exportation du football par les arins,
les commerçants et les Britanniques travaillant à l'étranger
a aidé à répandre le jeu à travers le monde,
conduisant à la fondation
de nombreuses fédérations nationales
et, finalement, à la création de la
Fédération Internationale de Football Association
(FIFA) en 1904.

La standardisation des règles en Angleterre
a donc non seulement
créé le football moderne,
mais a également posé les bases
pour le sport le plus populaire du monde,
joué et regardé
par des millions de personnes
sur tous les continents.

04-100 Moments inoubliables dans l'histoire du football français

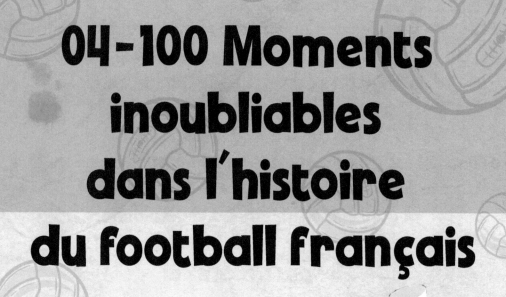

Uniforme de footballeur des années 1910

Avant 1900
Les débuts du football
en France

Ballon datant des années 1920

1887 : Introduction du football en France

Le football, introduit avec enthousiasme en France
par des expatriés anglais,
s'ancre rapidement dans la culture sportive française.
Ce nouveau jeu, symbole de dynamisme et de modernité,
séduit une jeunesse avide de nouveauté
et marque le début d'une passion nationale.

1889 : Introduction des premières règles

En 1889, la France adopte officiellement
ses premières règles de football, standardisant le jeu
et ouvrant la voie à des compétitions régulières.
Cet encadrement réglementaire
permet une pratique plus équitable et structurée,
essentielle pour l'évolution du sport

1894 : Création du Championnat de France

L'année 1894 voit la création du Championnat de France,
offrant une structure compétitive
et continue qui contribue à populariser le football
à travers le pays.
Cette compétition devient rapidement une vitrine
du talent et de la stratégie sportive française.

1899 : Premier titre national
pour Le Havre AC

Etablissant un précédent pour le succès en compétition
et inspirant des générations de joueurs et de supporters.

De 1900 à la Première Guerre mondiale en 1914

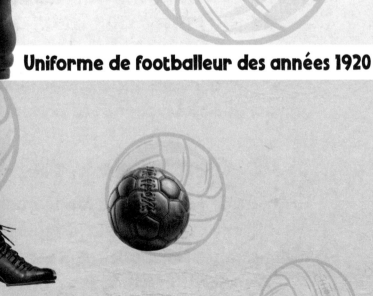

Uniforme de footballeur des années 1920

1904 : Création de la FIFA à Paris

Affirmant le rôle central de la France dans l'administration
et la régulation du football mondial.

1904 : Premier match officiel
de l'équipe de France

Ce match a eu lieu le 1er mai 1904.
La France a affronté la Belgique à Bruxelles.
Le match s'est terminé sur un score de 3-3

1905 : La France remporte
sa première victoire internationale

la France dispute son premier match
à domicile face à la Suisse,
et remporte à cette occasion
la première victoire de son histoire.

1908 : Première participation officielle
de la France aux Jeux olympiques

La France a envoyé deux équipes, France A et France B,
ce qui était une décision inhabituelle
et marquait leur première participation officielle.

1917 : Création de la coupe de France

La Coupe de France a été fondée par Charles Simon,
un fervent promoteur du sport et de l'idée
d'une compétition nationale ouverte à tous les clubs.
Son objectif était de promouvoir
l'unité nationale à travers le sport.

De 1918 à la Seconde Guerre mondiale en 1939

Joueur de football des années 1920

1919 : Fondation de la Fédération Française

Organisant et régulant le jeu à un niveau national,
et mettant en place les structures nécessaires
pour son développement futur.

1921 : La France bat l'Angleterre pour la première fois

L'équipe de France bat enfin celle d'Angleterre
lors de la huitième confrontation entre les deux nations.
Au-delà de l'exploit sportif,
cette victoire a un goût particulier puisqu'elle
coïncide avec le centenaire de la mort de Napoléon.

1924 : Première Coupe de France remportée par un club provincial

L'Olympique de Marseille devient le premier club
provincial à remporter la Coupe de France,
en battant le Club Français en finale.

1928 : Première retransmission radio d'un match de football

Ce jour-là, le match opposant le Racing Club de Paris
et l'Olympique d'Antibes, disputé au Parc des Princes,
a été commenté en direct par l'animateur sportif
français Edmond Dehorter sur les ondes de Radio-Paris.

Tribunes de football des années 1940

1930 : Participation à la première Coupe du Monde

La participation de la France à la première
Coupe du Monde en Uruguay en 1930
marque son engagement sur la scène internationale,
affirmant son rôle de compétiteur mondial
dès les débuts du tournoi.

1932 : Le premier match professionnel L'Olympique Lillois et l'Olympique de Marseille

L'année 1935 est également témoin
du premier match professionnel en France,
symbolisant l'évolution du football français
vers plus de professionnalisme et de spectacle sportif.

1935 : Le premier professionnel français signe à l'étranger

Ce moment clé en 1935, où un joueur français
signe pour la première fois avec un club étranger,
marque le début de l'ère des transferts internationaux
pour les talents français,
valorisant leur expertise au-delà des frontières.

1938 : La France organise la Coupe du Monde

En organisant la Coupe du Monde de 1938,
la France se positionne
comme un acteur clé du football mondial,
offrant un tournoi mémorable qui renforce son influence
et son implication dans le football international.

De la fin de la Seconde Guerre mondiale en 1945 à la naissance de la Cinquième République en 1958

Ballon datant des années 1930

1945 : Reprise du football après la Seconde Guerre mondiale

Après une interruption due à la Seconde Guerre mondiale,
le football reprend en 1945,
symbolisant une période de reconstruction
et de renouveau pour le pays et pour le sport lui-même.

1949 : Création de la Coupe Latine

Un tournoi international de football de clubs.
Elle réunissait les champions d'Italie,
d'Espagne, du Portugal et de France.
Le Stade de Reims a remporté l'édition de 1953

1956 : Raymond Kopa rejoint le Real Madrid

Où il établira sa réputation
comme l'un des meilleurs joueurs de football au monde,
mettant en lumière le talent français
sur la scène internationale.

1958 : Just Fontaine marque 13 buts en Coupe du Monde

Lors de la Coupe du Monde de 1958,
Just Fontaine réalise une performance légendaire
en marquant 13 buts, un record qui reste inégalé,
et cimente sa place parmi les plus grands attaquants
de l'histoire du football.

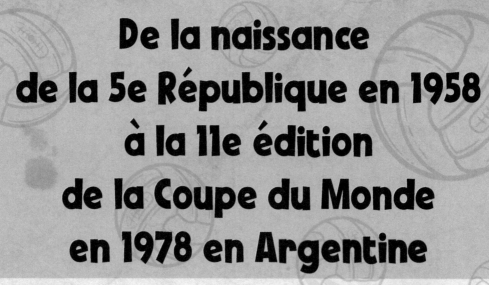

De la naissance de la 5e République en 1958 à la 11e édition de la Coupe du Monde en 1978 en Argentine

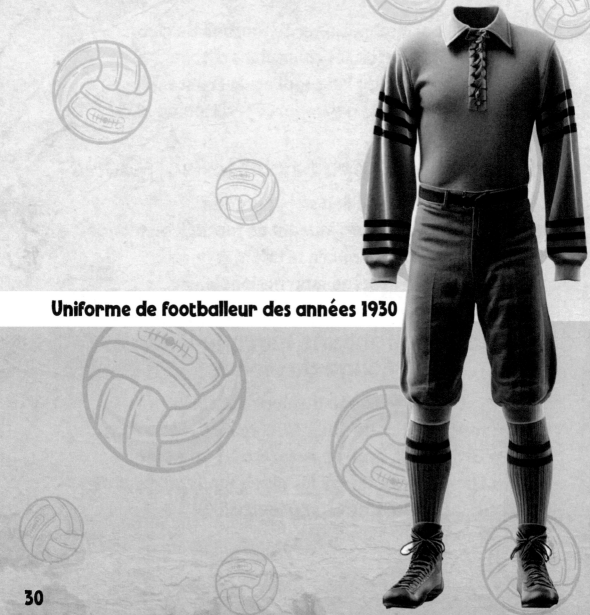

Uniforme de footballeur des années 1930

1956 : Stade de Reims atteint la finale de la Coupe d'Europe

Le Stade de Reims atteint la finale
de la Coupe d'Europe des clubs champions en 1966,
affirmant sa stature dans le football européen
et inspirant le football français avec son parcours exceptionnel.

1956 : Création du Ballon d'Or

La création du Ballon d'Or en 1956,
par le magazine français 'France Football',
marque le début de la distinction annuelle
du meilleur joueur de football au monde,
mettant en avant le talent et l'excellence individuelle.

1960 : Première édition de l'UEFA Euro

La première édition du Championnat d'Europe des nations,
organisée par l'UEFA en 1960,
offre une nouvelle arène de compétition
pour les équipes nationales européennes
et souligne l'importance croissante du football continental.

1964 : Doublé historique de l'AS Monaco en Coupe de France

ECes victoires en Coupe de France ont consolidé
la position de l'AS Monaco comme l'une
des équipes de premier plan en France.
Elles ont également permis au club de se qualifier
pour la Coupe d'Europe des vainqueurs de coupe.

1964 : Jean Djorkaeff devient capitaine de l'équipe de France

Jean Djorkaeff, figure emblématique du football français,
est nommé capitaine de l'équipe nationale en 1964,
apportant son leadership
et sa vision tactique au service des Bleus.

1970 : Création du Paris Saint-Germain

La création du Paris Saint-Germain en 1970
marque un tournant dans le football français,
avec le club devenant rapidement une force majeure
dans le paysage footballistique national et international.

1971 : Georges Carnus et Bernard Bosquier quittent Saint-Étienne pour l'OM

Les transferts de Georges Carnus et Bernard Bosquier
de Saint-Étienne à l'OM
représentent des mouvements significatifs
dans le football français,
impactant les stratégies et la compétitivité des clubs.

1972 : le Parc des Princes accueillait son premier match

Le Parc des Princes a été entièrement rénové
et modernisé entre 1967 et 1972,
sous la direction de l'architecte Roger Taillibert.
Ce nouveau stade devait remplacer l'ancien Parc des Princes,
qui était devenu obsolète.

1973: les débuts de Platini en Division 1

Quand on pense Michel Platini, on pense équipe de France,
Juventus Turin et AS Saint-Etienne.
Mais on oublie parfois qu'avant d'empiler les titres,
"Platoche" s'est construit dans sa Lorraine natale.

1975 : Dominique Rocheteau, l'"Ange Vert"

Dominique Rocheteau devient un symbole
de l'AS Saint-Étienne, avec sa vitesse, son élégance
sur le terrain, et son fair-play, captivant les cœurs
des fans et des adversaires.

1976 : Saint-Étienne atteint la finale
de la Coupe d'Europe des Clubs Champions

Dans sa période dorée, l'AS Saint-Étienne n'a atteint
qu'une seule fois la finale de la Coupe des clubs champions.
C'était en 1976, face au Bayern Munich de Franz Beckenbauer,
double champion d'Europe en titre.
Soutenue par une majorité des Français,
l'ASSE se hisse en finale après un joli parcours,
marqué par l'exploit contre le Dynamo Kiev
en quart de finale retour (0-2, 3-0).

1978 : Participation à la Coupe du Monde
après 12 ans d'absence

Bien que l'édition 1978 de la Coupe du Monde en Argentine
ne soit pas particulièrement mémorable pour
l'équipe de France en termes de succès, celle-ci
n'ayant pas réussi à dépasser le premier tour, elle a tout
de même enregistré une victoire contre la Hongrie.

De 1978 à la 16e édition de la Coupe du Monde en France en 1998

Joueur de football des années 1930

1982 : Alain Giresse a marqué un but historique contre le Koweït lors de la Coupe du Monde

Le 21 juin 1982 à Valladolid, Alain Giresse inscrit un but
qui fait entrer le cheikh Fahd sur le terrain
et dans l'histoire de la Coupe du monde.

1982 : Demi-finale dramatique contre l'Allemagne à Séville

Reste l'une des rencontres les plus dramatiques
de l'histoire du football,
marquée par un match intense et controversé
qui s'est conclu par une défaite déchirante
pour la France après les tirs au but.

1983 : Le Stade Lavallois a marqué l'histoire du football français en participant à la Coupe UEFA

la participation du Stade Lavallois à la Coupe UEFA en 1983
reste un jalon important dans l'histoire du club,
représentant un moment de fierté
et de réussite sur la scène européenne.

1984 : La France remporte son premier Euro

En 1984, l'équipe de France,
emmenée par Michel Platini,
remporte son premier Championnat d'Europe des Nations,
un triomphe à domicile
qui cimente sa place dans l'élite du football européen.

1984 : Michel Platini, meilleur buteur de l'Euro

Michel Platini domine l'Euro 1984,
finissant comme meilleur buteur du tournoi avec neuf buts,
une performance qui reste une des plus remarquables
dans l'histoire des Championnats d'Europe.

1984 : Platini marque le "but de l'année" contre la Yougoslavie

Souvent cité comme le "but de l'année",
grâce à sa technique impeccable et son sens du spectacle.

1986 : La France atteint les demi-finales de la Coupe du Monde au Mexique

Réaffirmant sa compétitivité mondiale
et son statut d'équipe de premier plan
grâce à une génération dorée de joueurs talentueux.

1988 : Inauguration de Clairefontaine

L'inauguration de l'Institut National du Football
de Clairefontaine en 1988 établit un centre d'excellence
pour la formation des jeunes talents en France,
jouant un rôle clé dans le développement des futures stars
du football français.

Tribunes de football des années 1950

1991 : Première Coupe du Monde Féminine de la FIFA

Offrant une plateforme internationale
pour les talents féminins
et encourageant la croissance du sport chez les femmes
à travers le monde.

1991 : Jean-Pierre Papin remporte le Ballon d'Or

Devenant le premier joueur français
à recevoir cette prestigieuse reconnaissance,
et mettant en lumière le talent français
sur la scène internationale.

1993 : L'OM remporte la Ligue des Champions

L'Olympique de Marseille devient le premier club français
à remporter la Ligue des Champions,
un exploit historique qui souligne
la compétitivité du football français
au plus haut niveau européen.

1993 : Scandale de la corruption à l'OM

La même année,
l'OM est impliqué dans un scandale de corruption
qui ébranle le football français,
mettant en lumière les enjeux éthiqueset
les défis de gouvernance dans le sport professionnel.

1994 : Création de la Coupe de la Ligue

La Coupe de la Ligue est créée en 1994,
ajoutant une autre compétition nationale
au calendrier français, offrant aux clubs
une autre opportunité de trophée et de gloire.

1996 : L'equipe de france fait son retour sur la scène internationale

Le 10 juin 1996, au St James Park de Newcastle, l'équipe
de France de football fait son retour sur la scène
international après un Euro 92 raté (élimination
au premier tour avec zéro point) et une non qualification
traumatisante pour la World Cup 94 aux États-Unis.

1996 : Le PSG remporte la Coupe des Coupes

Un succès majeur sur la scène européenne qui souligne
la montée en puissance du club dans le football continental.

1996 : L'Olympique de Marseille en Division 1

Après avoir été relégué à cause d'un scandale
de corruption en 1993, l'Olympique de Marseille
fait son retour en Division 1
et commence à reconstruire sa stature.

Tribunes de football des années 1960

1998 : L'ascension de Zinédine Zidane

L'année 1998 est marquée par l'ascension spectaculaire de Zinédine Zidane, qui joue un rôle clé dans la victoire de la France à la Coupe du Monde, s'établissant comme une légende du football mondial et un héros national.

1998 : La France remporte la Coupe du Monde sous les yeux de son public

En juillet 1998, la France s'empare de la Coupe du Monde de la FIFA pour la première fois, suscitant une explosion de joie nationale. Sous la direction d'Aimé Jacquet et avec des stars comme Zinedine Zidane, l'équipe triomphe au Stade de France, battant le Brésil 3-0 dans une finale mémorable qui reste gravée dans le cœur des supporters français.

1998 : Lancement de la chaîne de télévision Canal+ Sport

Proposant une couverture exhaustive des événements sportifs, notamment le football. Cette chaîne devient rapidement une référence pour les amateurs de sports, offrant des analyses détaillées et des retransmissions de haute qualité.

1999 : Victoire historique de l'équipe de France au Wembley Stadium

Au terme d'un match parfaitement maîtrisé, l'équipe de France bat l'Angleterre chez elle pour la première fois de son histoire.

La dernière année du 20e siècle

Ballon datant des années 1940

2000 : Doublé Euro - Coupe du Monde

Deux ans après leur succès mondial,
les Bleus captivent à nouveau l'Europe
en remportant l'Euro 2000.
Dans une finale dramatique contre l'Italie,
un but en or de David Trezeguet
offre à la France son deuxième grand trophée
en deux ans, célébrant l'âge d'or du football français.

2000 : Robert Pirès joue un rôle clé dans la victoire de l'Euro 2000

Au cœur de ce succès européen,
Robert Pirès se distingue
par ses performances exceptionnelles.
Sa capacité à créer des occasions
et à délivrer des passes décisives,
notamment lors de la finale,
est cruciale pour le triomphe
de la France.

Uniforme de footballeur des années 1940

La première décennie du 21e siècle

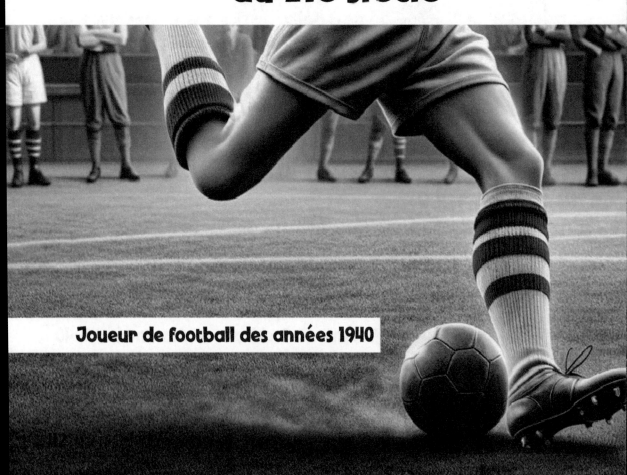

Joueur de football des années 1940

2001 : La France remporte la Coupe des Confédérations

Poursuivant sur sa lancée victorieuse, la France s'adjuge la Coupe des Confédérations en 2001. Ce succès, obtenu sur des performances solides confirme la domination mondiale de la France dans le football.

2002 : Création de la Ligue 1 comme on la connaît aujourd'hui

Marquant une ère de modernisation et de commercialisation accrue du football français, ce qui a amplifié son attrait mondial et renforcé son infrastructure professionnelle.

2002 : La France est éliminée de la Coupe du Monde sans marquer de but

Championne en titre, l'équipe est éliminée dès la phase de groupes, sans inscrire un seul but, un résultat choquant qui pose des questions sur l'évolution de l'équipe.

2003 : Seconde victoire consécutive en Coupe des Confédérations

La France défend avec succès son titre en Coupe des Confédérations en 2003, devenant ainsi la première équipe à remporter consécutivement ce trophée.

Tribunes de football des années 1970

2004 : Monaco atteint la finale de la Ligue des Champions

L'AS Monaco, sous la direction de Didier Deschamps,
réalise un parcours épique
en Ligue des Champions et atteint la finale en 2004.
Malgré une défaite contre le FC Porto,
ce parcours est salué pour son audace tactique
et la révélation de talents comme Fernando Morientes.

2005 : Thierry Henry devient le meilleur buteur de l'Arsenal FC

Le 18 octobre 2005, après avoir inscrit un doublé
en Ligue des champions face au Sparta Prague,
il devient le meilleur buteur de l'histoire d'Arsenal
toutes compétitions confondues avec 186 réalisations,
surpassant l'Anglais Ian Wright (185).

2006 : Finale de la Coupe du Monde

La France atteint la finale contre l'Italie le 9 juillet 2006.
Le match s'est terminé 1-1 après le temps réglementaire
et les prolongations.
L'Italie a remporté la Coupe du Monde
après une séance de tirs au but (5-3).

2006 : Zinédine Zidane headbutt en finale de la Coupe du Monde

Dans un moment d'intense pression, assène un coupde tête
à Marco Materazzi.Cet acte surréaliste marque la fin
dramatique de la carrière internationale
de l'un des plus grands footballeurs de tous les temps.

2006 : Franck Ribéry fait ses débuts en Coupe du Monde

Avec son style de jeu dynamique et percutant.
s'établissant comme un élément clé
de l'équipe de France pour les années à venir.

2007 : L'arrivée de Franck Ribéry au Bayern Munich En 2007

Il deviendra l'un des joueurs les plus influents du club,
marquant une ère de succès
tant pour lui que pour le club allemand.

2008 : Lyon remporte son septième titre consécutif en Ligue 1

L'Olympique Lyonnais domine le football français
en remportant son septième titre consécutif en Ligue 1.
Une prouesse qui souligne leur suprématie incontestée
durant cette période.

2009 : L'incident de la main de Thierry Henry contre l'Irlande

Lors des qualifications pour la Coupe du Monde 2010,
Thierry Henry utilise sa main pour contrôler le ballon
lors d'un match contre l'Irlande,
menant à un but controversé qui qualifie la France,
un acte qui provoque une tempête médiatique
et des appels à la réforme de l'arbitrage.

2010 : L'Olympique de Marseille champion de Ligue 1

Mettant fin à une attente de 18 ans sans titre de Ligue 1.
C'était un moment de grande célébration
pour les supporters marseillais.

2010 : Le drame de Knysna pendant la Coupe du Monde

Le camp de base de l'équipe de France à Knysna devient
le théâtre d'un conflit ouvert et de tensions internes
lors de la Coupe du Monde 2010, culminant avec l'exclusion
de Nicolas Anelka et une grève des joueurs,
éclaboussant l'image de l'équipe nationale.

2011 : L'équipe féminine de l'OL devient championne d'Europe.

Cette victoire en Ligue des Champions en 2011
est le début d'une série de succès
qui établira l'OL féminin comme une force dominante
dans le football féminin européen.

2011 : L'OL féminin commence sa domination en Europe

Cette victoire en Ligue des Champions en 2011
est le début d'une série de succès qui établira
l'OL féminin comme une force dominante
dans le football féminin européen.

La 2e décennie du 21e siècle

Ballon datant des années 1950

2011 : L'Équipe féminine atteint les demi-finales de la Coupe du Monde

En 2011, l'équipe féminine de France atteint
les demi-finales de la Coupe du Monde,
marquant une étape significative dans le développement
et la reconnaissance du football féminin en France.

2011 : L'AS Monaco descend en Ligue 2

Une chute surprenante pour un club historique
En 2011, l'AS Monaco, un club historiquement puissant,
est relégué en Ligue 2
une descente surprenante qui met en lumière
les difficultés économiques et sportives
que même les grands clubs peuvent rencontrer.

2012 : Montpellier remporte la Ligue 1 contre toute attente

Montpellier HSC crée une des plus grandes surprises
du football français en remportant le titre de Ligue 1 en 2012,
démontrant que le rêve de David
contre Goliath reste vivant dans le football moderne.

2012 : Finale de la Coupe de France

Lyon a affronté l'équipe amateur de Quevilly.
Lyon a remporté le match 1-0,
ce qui était un moment significatif pour Quevilly,
une équipe de niveau inférieur
qui a réussi à atteindre la finale contre un géant comme Lyon.

2013 : Qualification miraculeuse pour la Coupe du Monde 2014

En 2013, la France réalise une remontée spectaculaire
lors des barrages contre l'Ukraine,
renversant un déficit de deux buts pour se qualifier
pour la Coupe du Monde 2014 au Brésil,
dans un match retentissant qui a galvanisé les supporters
et restauré la fierté nationale.

2013 : Ibrahimović marque un incroyable but en Ligue des Champions

Zlatan Ibrahimović, connu pour ses prouesses techniques
et son audace, inscrit un coup franc mémorable de 30 mètres
contre l'Anderlecht, affirmant son statut de superstar
mondiale lors de son passage au Paris Saint-Germain.

2014 : James Rodriguez brille avec Monaco

Après une saison exceptionnelle avec l'AS Monaco,
éclate véritablement sur la scène mondiale
lors de la Coupe du Monde 2014, ce qui lui vaut
un transfert prestigieux au Real Madrid.

2015 : Hatem Ben Arfa renaît à Nice

En 2015, Hatem Ben Arfa relance sa carrière
de manière spectaculaire à l'OGC Nice,
enchantant les fans avec ses dribbles,
sa créativité et ses buts spectaculaires,
et prouvant que le talent
peut toujours triompher des revers.

2015 : La tragédie des attaques à Paris affecte directement le football

Les attaques terroristes de novembre 2015 à Paris, notamment aux abords du Stade de France pendant un match France-Allemagne, secouent profondément le monde du football, soulignant sa vulnérabilité face à des événements mondiaux et renforçant la solidarité internationale dans le sport.

2015 : Création de la Ligue de Football Professionnel e-sport

En 2015, la Ligue de Football Professionnel lance une division e-sport, reconnaissant l'importance croissante du jeu vidéo compétitif et intégrant l'esport dans l'écosystème traditionnel du football français.

2016 : Antoine Griezmann devient le meilleur buteur de l'Euro

Lors de l'Euro 2016 organisé en France, Antoine Griezmann s'illustre comme le meilleur buteur du tournoi, démontrant un talent exceptionnel qui captivera le cœur des fans français et propulsera sa carrière à de nouveaux sommets.

2016 : Dimitri Payet brille à l'Euro 2016

Dimitri Payet devient l'un des héros de l'Euro 2016 grâce à ses performances exceptionnelles, notamment son but mémorable lors du match d'ouverture, qui restera comme l'un des moments forts du tournoi.

2016 : La France atteint la finale de l'Euro

La France, portée par un soutien passionné
de ses supporters, atteint la finale de l'Euro 2016,
un parcours héroïque qui s'achèvera par une défaite
déchirante en prolongation contre le Portugal.

2017 : Monaco bat des records de buts en Ligue 1

L'AS Monaco, en 2017, bat des records en Ligue 1
grâce à une attaque explosive qui marquera la saison,
démontrant une capacité offensive rarement
vue dans le championnat et capturant le titre
de façon spectaculaire.

2017 : Neymar signe au PSG

Le transfert de Neymar au Paris Saint-Germain en 2017,
pour un montant record, secoue le monde du football,
marquant une des acquisitions les plus médiatisées de l'histoire
et affirmant l'ambition du PSG sur la scène européenne.

2018 : Didier Deschamps, le troisième homme à gagner la Coupe du Monde comme joueur et entraîneur

Didier Deschamps devient le troisième homme
dans l'histoire à gagner la Coupe du Monde à la fois
comme joueur (1998) et comme entraîneur (2018),
après Mário Zagallo et Franz Beckenbauer.

2018 : Benjamin Pavard marque "le but du tournoi" à la Coupe du Monde

Avec une frappe sublime de l'extérieur du pied
qui trouve la lucarne, marque contre l'Argentine ,
un but qui sera élu "But du Tournoi" et restera gravé
dans les mémoires comme symbole de l'excellence française.

2018 : La France remporte sa deuxième Coupe du Monde

une victoire qui unit le pays et réaffirme la France comme
une superpuissance du football mondial.

2019 : Lille OSC termine 2ème en Ligue 1

Une performance remarquable qui souligne
leur montée en puissance et leur ambition retrouvée
sous la direction de Christophe Galtier.

2019 : L'équipe féminine de France atteint les quarts de finale de la Coupe du Monde à domicile

Une performance qui, malgré une élimination précoce,
montre le progrès et l'impact croissant
du football féminin dans le pays.

2020 : Interruption de la Ligue 1 en raison de la pandémie de COVID-19

Un événement sans précédent qui pose des défis
considérables et soulève des questions
sur l'avenir du football professionnel.

De la 3e décennie du 21e siècle jusqu'à aujourd'hui

Joueur de football des années 1950

2021 : Lionel Messi rejoint le PSG

L'arrivée de Lionel Messi au PSG en 2021
est un moment historique pour le football français,
attirant une attention mondiale et renforçant la Ligue 1
comme destination de choix pour les superstars mondiales.

2020 : PSG atteint sa première finale
de Ligue des Champions

Marquant une étape significative dans son ascension
comme club de premier plan sur la scène européenne.

2021 : La France remporte
la Ligue des Nations

Affirmant sa résilience et son talent en revenant
de l'arrière pour vaincre l'Espagne en finale,
un succès qui ajoute une autre étoile
à son héritage footballistique.

2022 : Benzema remporte le Ballon d'Or

Après une saison exceptionnelle au Real Madrid,
remporte le Ballon d'Or en 2022,
une reconnaissance de sa maîtrise technique,
de sa vision du jeu et de son impact constant.

Tribunes de football des années 1980

2022 : Kylian Mbappé marque un triplé en finale de la Coupe du Monde

Avec un triplé historique lors de la finale
de la Coupe du Monde 2022 contre l'Argentine,
s'établit non seulement comme un phénomène
mondial, mais aussi comme
l'un des grands talents de sa génération.

2022 : La France perd en finale de la Ligue des Nations contre l'Espagne

En 2022, la France atteint la finale de la Ligue des Nations
mais s'incline contre une équipe espagnole
stratégiquement supérieure,
une défaite qui pose des questions sur
les ajustements tactiques et la gestion des matchs clés.

2023 : La France organise une nouvelle fois la Coupe du Monde féminine

Affirmant son engagement envers le football féminin
et son rôle de leader dans la promotion.

2024 : Paris 2024 et le football

En préparation des Jeux olympiques de Paris 2024,
la France se prépare à accueillir des matchs
de football dans différents stades,
notamment au Parc des Princes
et au Stade de France, avec des espoirs de médaille
pour l'équipe olympique française.

05-Les joueurs français qui ont gagné le Ballon d'Or

Uniforme de footballeur des années 1950

01-Raymond Kopa (1958)

Après avoir terminé à la troisième place en 1956 et 1957,
Raymond Kopa soulève enfin le Ballon d'Or en 1958,
année où il est élu meilleur joueur de la Coupe du monde,
lors de laquelle la France finit troisième.
Il remporte aussi la Coupe des clubs champions et la Liga ,
ce qui finit de convaincre le jury, qui le place devant Di Stéfano.
Il terminera deuxième l'année suivante,
derrière le légendaire espagnol.

Raymond Kopa, de son vrai nom Raymond Kopaszewski,
est né le 13 octobre 1931 à Noeux-les-Mines,
une commune minière du Pas-de-Calais, en France.
Il est décédé le 3 mars 2017.
Issu d'une famille d'immigrés polonais

Jeunesse et Débuts

Kopa commence sa carrière dans le nord de la France,
d'abord à l'US Noeux-les-Mines puis rapidement
au SCO Angers en 1949,
où son talent commence à se manifester.
Ses performances exceptionnelles attirent l'attention
du Stade de Reims,
un des clubs les plus prestigieux de France à l'époque,
où il signe en 1951.

Tribunes de football des années 1990

58

Apogée à Reims et au Real Madrid

À Reims, Kopa se forge une réputation
de milieu de terrain offensif
redoutable, connu pour sa vitesse, sa technique
et sa capacité à lire le jeu.
Avec Reims, il atteint la finale de la première Coupe d'Europe
des clubs champions en 1956, où ils sont battus par le Real Madrid.
Impressionnés par ses qualités,
les dirigeants du Real Madrid recrutent Kopa la même année.

Au Real Madrid, Kopa atteint des sommets,
jouant aux côtés de légendes comme Alfredo Di Stéfano
et Ferenc Puskas. Durant ses trois années à Madrid (1956-1959),
il remporte trois Coupes d'Europe consécutives
et une ligue espagnole. Sa capacité à créer des opportunités
et à marquer des buts cruciaux fait de lui l'un des joueurs
les plus respectés en Europe.

Retour à Reims et Carrière Internationale

En 1959, Kopa retourne au Stade de Reims
où il continue à exceller jusqu'à sa retraite en 1967.
Sur la scène internationale, il est également une figure clé
de l'équipe nationale française,
participant à la Coupe du monde 1958 en Suède
où la France termine troisième,
la meilleure performance de son histoire à l'époque.
Kopa joue un rôle majeur dans ce succès
et est nommé dans l'équipe du tournoi.

Héritage et Reconnaissance

Raymond Kopa a reçu de nombreuses distinctions, notamment le Ballon d'Or en 1958, qui récompense le meilleur joueur européen. Il est également fait Chevalier de la Légion d'honneur en France et son impact sur le football français et mondial reste profond. En plus de ses exploits sur le terrain, Kopa est reconnu pour avoir contribué à la professionnalisation des joueurs de football en France, luttant pour de meilleures conditions et droits pour ses pairs.

Kopa reste une légende, non seulement pour ses prouesses techniques, mais aussi pour son influence durable sur le football mondial. Sa capacité à transcender les frontières culturelles et son humilité hors du terrain continuent d'inspirer les générations de footballeurs

Uniforme de footballeur des années 1960

02-Michel Platini
(1983, 1984, 1985)

Troisième en 1977 puis en 1980, Michel Platini
attend son arrivée à la Juventus pour enfin décrocher
le Graal, en 1983. Il devient même le premier joueur
de l'histoire à le remporter trois années de suite.
Il devance successivement Kenny Dalglish,
Jean Tigana et Preben Elkjaer Larsen.
Il gagne son surnom de « Roi Michel » en Italie,
alors considéré comme le meilleur Championnat du monde.
Son Ballon d'Or 1984 est lui largement dû à sa performance
exceptionnelle lors de l'Euro où il marque 9 buts.
Il gagne sa première C1 en 1985,
dans les circonstances tragiques que l'on connaît au Heysel,
en terminant meilleur buteur de la compétition (7 buts).

Michel Platini né le 21 juin 1955 à Joeuf, en Lorraine.
Considéré comme l'un des meilleurs joueurs
de football de tous les temps, Platini a également exercé
des fonctions importantes dans l'administration du football,
notamment en tant que président de l'UEFA,
la fédération européenne de football.

Jeunesse et Débuts

Platini commence sa carrière professionnelle
à l'AS Nancy-Lorraine en 1972, où son père, Aldo Platini,
était entraîneur. Doté d'une technique exceptionnelle
et d'une vision de jeu remarquable, il se distingue
rapidement par sa capacité à marquer des buts,
notamment sur coups francs, et à orchestrer le jeu
de son équipe.

Ascension au Stade

Après avoir aidé Nancy à remporter la Coupe de France en 1978, Platini rejoint l'AS Saint-Étienne en 1979. Avec les Verts, il remporte un titre de champion de France en 1981 et atteint la finale de la Coupe des clubs champions européens en 1976. Son talent ne passe pas inaperçu et il est recruté par la Juventus de Turin en 1982.

Gloire à la Juventus

Sous les couleurs de la Juventus, Platini atteint l'apogée de sa carrière. Il remporte le Ballon d'Or trois années consécutives (1983, 1984, 1985), un exploit rare, signe de son influence dominante en Europe à cette époque. Avec la Juve, il remporte de nombreux titres, dont la Serie A, la Coupe des vainqueurs de coupe, la Supercoupe de l'UEFA, et surtout la Coupe des clubs champions européens en 1985.

Carrière Internationale

Capitaine de l'équipe de France, il mène les Bleus à la victoire lors du Championnat d'Europe des nations en 1984, un tournoi lors duquel il se distingue comme meilleur joueur et meilleur buteur.Il joue également un rôle clé dans la formidable campagne de la France en Coupe du Monde 1982 et 1986, où l'équipe atteint les demi-finales à chaque fois.

Tribunes de football des années 2000

Après le Football

Après avoir raccroché les crampons en 1987,
Platini se tourne vers le coaching et la gestion sportive.
Il prend les rênes de l'équipe de France de 1988 à 1992,
puis s'engage dans l'administration du football.
En 2007, il est élu président de l'UEFA, poste qu'il occupe
jusqu'en 2015. Son mandat est marqué par plusieurs
réformes, mais aussi par des controverses, notamment
son implication dans des affaires de corruption qui le
conduisentà être suspendu de toute activité
liée au football.

Michel Platini reste une figure emblématique
du football mondial, reconnu pour son
intelligence de jeu, sa technique impeccable,
et son impact tant sur le terrain
qu'en dehors.
Malgré les controverses
de fin de carrière,
son héritage
en tant que
joueur
est indéniable,
faisant de lui
un des grands
noms
de l'histoire
du sport.

Ballon datant des années 1960

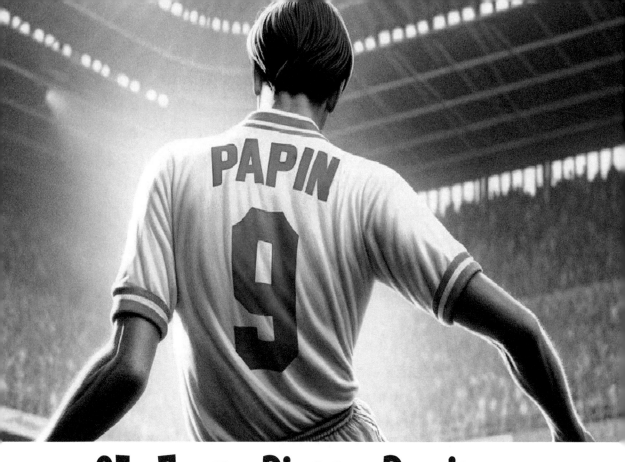

03-Jean-Pierre Papin
(1991)

Vainqueur et meilleur buteur (23 buts) du Championnat de France 1991, finaliste malheureux de la C1 contre l'Étoile Rouge de Belgrade (0-0 5-3 t.a.b.) après avoir éliminé le grand Milan, et meilleur buteur de la compétition (6 buts), JPP devient le premier Français à remporter le Ballon d'Or avec un club français, alors qu'il affole les compteurs avec l'OM. Il devance Dejan Savicevic, Darko Pancev et Lothar Matthäus.

Jean-Pierre Papin né le 5 novembre 1963 à Boulogne-sur-Mer, dans le Pas-de-Calais. Connu pour sa finition exceptionnelle, son jeu de tête et ses volées spectaculaires, Papin a été l'un des attaquants les plus prolifiques de sa génération en Europe.

Débuts et Ascension

Papin commence sa carrière professionnelle à l'US Valenciennes en 1981, avant de rejoindre le Club Brugge en Belgique en 1983. Ses performances remarquables en Belgique lui valent un transfert à l'Olympique de Marseille en 1986, club avec lequel il connaîtra ses plus grands succès.

Uniforme de footballeur des années 1970

Gloire à Marseille

À l'Olympique de Marseille, Papin devient une légende.
Il remporte cinq titres consécutifs de meilleur buteur
de la Division 1 française de 1988 à 1992, un record à l'époque.
Pendant ses six saisons à Marseille, il aide le club
à remporter quatre titres de champion de France
et à atteindre la finale de la Coupe des clubs champions
européens en 1991. Ses performances exceptionnelles
lui valent le Ballon d'Or en 1991, faisant de lui
le premier joueur à recevoir
cette distinction pendant qu'il joue pour un club français

Carrière Internationale

Sur la scène internationale, Papin est sélectionné
pour la première fois en équipe de France en 1986.
Embarqué de dernière minute pour la Coupe du Monde 1986
et participe à l'Euro 1992.

Expériences à l'Étranger

Après son succès à Marseille, Papin rejoint l'AC Milan en 1992,
où il joue aux côtés de légendes comme
Marco van Basten et Franco Baresi.
Bien qu'il remporte une Ligue des champions avec Milan,
son passage en Italie est assombri par des blessures
et une forte concurrence pour une place de titulaire.
Il continue sa carrière au Bayern Munich,
puis retourne en France et joue pour Bordeaux,
Guingamp, et termine sa carrière
au AS Saint-Étienne en 1998.t

Après le Football

Après sa retraite sportive, Papin se lance brièvement
dans une carrière d'entraîneur, dirigeant plusieurs clubs,
notamment Strasbourg et Châteauroux.
Il s'engage également dans des œuvres caritatives,
notamment en soutenant les enfants atteints de handicaps.

**Jean-Pierre Papin reste
dans la mémoire des fans de football
pour sa capacité à marquer
des buts spectaculaires,
son travail acharné sur le terrain,
et son habileté à se trouver
au bon endroit au bon moment.
Son style de jeu spectaculaire
et son palmarès impressionnant
font de lui une figure marquante
du football français et européen.**

Ballon datant des années 1970 et 1980

04-Zinedine Zidane (1998)

Zidane change de dimension en 1998,
grâce à deux coups de tête inoubliables en finale
de la Coupe du monde, contre le Brésil. Cette année-là,
Zizou remporte aussi son deuxième titre de champion
d'Italie consécutif, et échoue en finale de la Ligue
des champions contre son futur club, le Real Madrid (0-1).
1998 reste une année charnière dans la carrière du joueur,
qui devance sur le podium du Ballon d'Or Davor Suker
et Ronaldo. Il ne le gagnera plus jamais, terminant
deuxième derrière Figo en 2000 et cinquième en 2006.

Zinedine Zidane, souvent simplement appelé "Zizou",
est né le 23 juin 1972 à Marseille, en France.
Issu d'une famille d'origine algérienne,
Zidane est considéré comme l'un des plus grands
footballeurs de tous les temps, grâce à sa technique
exceptionnelle, sa vision du jeu, et son calme
sous pression.
Après sa carrière de joueur,
il a également réussi en tant qu'entraîneur.

Jeunesse et Débuts

Zidane commence à jouer au football dans la rue
avant de rejoindre le club local de l'AS Cannes,
où il fait ses débuts professionnels en 1989.
Son talent exceptionnel est rapidement reconnu,
et après quatre saisons à Cannes,
il est transféré à Bordeaux en 1992.

Ascension à Bordeaux
et Transfert à la Juventus

À Bordeaux, Zidane devient rapidement une star,
aidant le club à atteindre la finale de la Coupe UEFA en 1996.
Ses performances attirent l'attention des grands
clubs européens, et il rejoint la Juventus de Turin
cette même année. Avec la Juventus, Zidane remporte
deux titres de Serie A et atteint à deux reprises la finale
de la Ligue des Champions.

Gloire au Real Madrid

En 2001, Zidane est transféré au Real Madrid pour
un montant record à l'époque. Son passage au Real Madrid
est couronné de succès, incluant une victoire mémorable
en Ligue des Champions en 2002, où il marque un but
spectaculaire en finale contre le Bayer Leverkusen.
Il remporte également la Liga en 2003.

Carrière Internationale

Sur la scène internationale, Zidane est tout aussi influent.
Il est le meneur de jeu de l'équipe de France qui remporte
la Coupe du Monde 1998 en France et l'Euro 2000.
Zidane est également célèbre pour sa participation
controversée à la finale de la Coupe du Monde 2006,
où il reçoit un carton rouge pour avoir donné
un coup de tête à Marco Materazzi

Retraite et Carrière d'Entraîneur

Début de Carrière

Après sa retraite en tant que joueur en 2006, Zidane a rejoint le Real Madrid en tant qu'assistant de diverses fonctions, y compris conseiller du président et directeur sportif. En 2013, il devient l'assistant de Carlo Ancelotti, l'entraîneur principal du Real Madrid à l'époque. Sous leur collaboration, le club remporte la Ligue des Champions en 2014.

Entraîneur de la Castilla

Zidane a pris en charge l'équipe réserve du Real Madrid, le Real Madrid Castilla, en 2014. Bien que son passage à la tête de la Castilla n'ait pasété couronné de nombreux succès en termes de titres,il a été crucial pour son développement en tant qu'entraîneur, lui permettant de mettre en pratique ses idées tactiques et de gestion.

Uniforme de footballeur des années 1980

Real Madrid : Les Grands Succès

En janvier 2016, Zidane est nommé entraîneur
principal du Real Madrid, succédant à Rafael Benitez.
Son impact est immédiat et profond.
Au cours de ses deux premières saisons complètes,
il mène le club à trois victoires consécutives
en Ligue des Champions (2015-2016, 2016-2017, 2017-2018),
un exploit jamais réalisé par aucun club depuis
la réforme de la compétition en 1992.
Outre ses succès en Ligue des Champions, Zidane remporte
deux titres de La Liga (2016-2017, 2019-2020),
deux Supercoupes de l'UEFA, deux Coupes du monde
des clubs de la FIFA, et une Supercoupe d'Espagne.
Sa capacité à gérer les grandes stars du club
et à maintenir une ambiance positive dans le vestiaire
est souvent citée comme une clé de son succès.

Première Démission et Retour

Zidane démissionne de façon surprenante en mai 2018,
juste après sa troisième victoire en Ligue des Champions,
citant le besoin de changement pour le club. Cependant,
face aux difficultés rencontrées par ses successeurs,
il retourne au Real Madrid en mars 2019. Il mène
à nouveau l'équipe à un titre de La Liga en 2019-2020.

Seconde Démission

En mai 2021, Zidane quitte une fois de plus son poste
d'entraîneur du Real Madrid, cette fois en raison
de désaccordssur la direction et la planification du club,
ainsi que des tensions autour de la gestion de l'équipe.

Style et Philosophie

Zidane est connu pour son style de gestion calme
et son approche tactique flexible.
Il favorise un football offensif, avec une grande
importance accordée à la possession et à la pression haute,
tout en étant capable de s'adapter aux forces
et faiblesses de ses adversaires.
Sa gestion des joueurs, notamment des stars, et son habileté
à naviguer dans les situations de haute pression
sont considérées comme ses plus grandes forces.

Zidane est souvent cité pour son élégance
sur le terrain, sa capacité à lire le jeu,
et ses compétences techniques hors pair.
Il est respecté non seulement pour
ses accomplissements sportifs
mais aussi pour sa capacité
à inspirer et à diriger.
Sa carrière illustre parfaitement
son influence durable sur le football
mondial, tant en tant que joueur
qu'en tant qu'entraîneur.

Tribunes de football des années 2010

05-Karim Benzema
(2022)

A 34 ans, l'ancien Lyonnais vient inscrire son nom
au palmarès d'un trophée qu'il est le premier Français
à remporter dans le 21e siècle, après Zinedine Zidane en 1998,
son ancien entraîneur qui lui a remis le Ballon d'or sur scène.

Karim Benzema, né le 19 décembre 1987 à Lyon, en France,
est un footballeur professionnel qui évolue au poste
d'attaquant. Issu d'une famille d'origine algérienne,
Benzema est connu pour sa technique raffinée,
son intelligence de jeu et sa capacité à marquer
des buts, faisant de lui l'un des attaquants les plus complets
de sa génération.

Jeunesse et Débuts

Benzema commence à jouer au football dès son plus
jeune âge dans son quartier natal de Bron. Très tôt,
il intègre l'académie de l'Olympique Lyonnais,
l'un des clubs les plus prestigieux de France.
Il fait ses débuts professionnels avec Lyon en 2005,
et il ne faut pas longtemps avant qu'il ne devienne
un élément central de l'équipe.

Ascension à Lyon

Durant ses années à Lyon, Benzema aide le club à remporter
quatre titres consécutifs de Ligue 1 de 2005 à 2008.
Ses performances exceptionnelles en France attirent
l'attention des plus grands clubs européens.
En plus de ses succès en championnat,
il montre ses compétences en Ligue des Champions,
augmentant ainsi son profil international.

Real Madrid

En 2009, Benzema rejoint le Real Madrid pour une somme importante. Son début à Madrid est difficile, avec une forte concurrence pour une place de titulaire. Cependant, au fil des saisons, il devient un joueur clé pour le club, formant une partie du fameux trio d'attaque "BBC" avec Gareth Bale et Cristiano Ronaldo. Pendant son séjour à Madrid, Benzema remporte plusieurs titres de La Liga et de la Ligue des Champions, affirmant sa place parmi les attaquants élites du football mondial.

Carrière Internationale

Sur la scène internationale, Benzema connaît une carrière en équipe de France marquée par des hauts et des bas. Il participe à l'Euro 2008, à la Coupe du Monde 2014, et à l'Euro 2020. Cependant, des controverses hors du terrain et des périodes d'exclusion de l'équipe nationale ponctuent son parcours international. Malgré cela, son talent reste indéniable, et il joue un rôle crucial lors de son retour en sélection pour l'Euro 2020.

Style de Jeu

Benzema est admiré pour son style de jeu élégant, sa capacité à créer des opportunités pour lui-même et pour ses coéquipiers, et son efficacité devant le but. Il est également loué pour son travail défensif, son jeu sans ballon, et sa capacité à jouer dans divers systèmes tactiques.

06-Quiz

Ballon et Uniforme de footballeur des années 1990

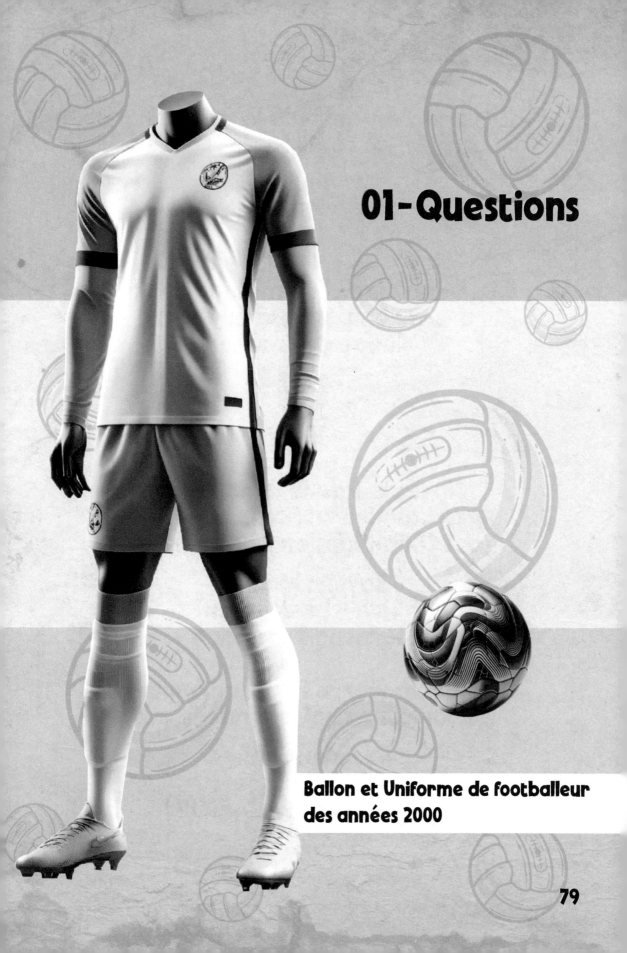

01-Questions

Ballon et Uniforme de footballeur des années 2000

1. Quand s'est déroulé le premier match officiel de l'équipe de France ?

1900
1902
1904

2. En quelle année l'Olympique de Marseille a-t-il remporté sa première Coupe de France ?

1924
1928
1929

3. Zinedine Zidane a marqué un but spectaculaire en finale de la Ligue des Champions en 2002 contre :

Bayern Munich
Bayer Leverkusen
Borussia Dortmund

4. Jean-Pierre Papin a commencé sa carrière professionnelle avec :

US Valenciennes
Club Brugge
Olympique de Marseille

5. En 1932, le premier match professionnel en France a été joué entre :

L'Olympique Lillois et l'Olympique de Marseille
AS Monaco et FC Nantes
Havre Athletic Club et FC Lorient

6. Quand la France a-t-elle organisé sa première Coupe du Monde ?

1982
1938
1998

7. Quand Neymar Jr a-t-il rejoint le PSG ?
2017
2018
2019

8. Raymond Kopa a atteint la finale de la première Coupe d'Europe des clubs champions en :

1956
1957
1958

**9.   La France a remporté
son premier Euro en :**

1984
1974
1994

**10.   La France a été éliminée
de la Coupe du monde
sans marquer de buts en :**

2010
2002
2014

**11.   Quand l'AS Monaco a-t-il atteint
la finale de la Ligue des Champions
pour la première et dernière fois ?**

2003
2004
2005

**12.   Quand l'Olympique Lyonnais
a-t-il remporté son 7ème titre
consécutif en Ligue 1 ?**

2006
2007
2008

13. Quelle est l'année
de création du championnat
de France ?

1894
1896
1884

14. La Ligue de Football Professionnel
e-sport a été créée en :

2015
2016
2017

15. Quand Karim Benzema
a-t-il remporté le Ballon d'Or ?

2020
2021
2022

16. Kopa a commencé sa carrière
dans le nord de la France à :

US Noeux-les-Mines
SCO Angers
Stade de Reims

17. À quel âge Karim Benzema
a-t-il remporté le Ballon d'Or ?
33 ans
34 ans
35 ans

18. Jean-Pierre Papin a remporté
cinq titres consécutifs de meilleur buteur
de la Division 1 française de :
1988 à 1992
1987 à 1991
1989 à 1993

19. Avec quel club Raymond Kopa
a-t-il atteint la finale
de la première Coupe d'Europe ?

US Noeux-les-Mines
SCO Angers
Stade de Reims

20. Michel Platini a remporté
son premier Ballon d'Or avec quel club ?

Juventus
AS Saint-Étienne
AS Nancy

21. Quelle équipe la France a-t-elle battue lors de sa seule victoire à la Coupe du Monde de 1978 ?

Italie
Argentine
Hongrie

22-Quand Raymond Kopa a-t-il remporté le Ballon d'Or ?

1956
1957
1958

23-Michel Platini a remporté le Ballon d'Or :

2 fois
3 fois
4 fois

24-Michel Platini a remporté la Coupe des clubs champions européens avec la Juventus en :

1984
1985
1986

**25-Jean-Pierre Papin
a passé combien de saisons
avec l'Olympique de Marseille ?**

5 saisons
6 saisons
7 saisons

**26-Quand Lionel Messi
a-t-il rejoint le PSG ?**

2020
2021
2022

**27-Quand Jean-Pierre Papin
a-t-il remporté le Ballon d'Or ?**

1990
1991
1992

**28-En finale de la Coupe du monde 1998,
combien de buts Zinedine Zidane
a-t-il marqués de la tête ?**

1 but
2 buts
3 buts

**29-Le Paris Saint-Germain
a été créé en :**

1970
1971
1972

**30-Zinedine Zidane
a commencé sa carrière avec :**

AS Cannes
FC Girondins de Bordeaux
FC Lorient

**31-Avec la Juventus, combien de titres
de Serie A Zinedine Zidane
a-t-il remportés ?**

1 titre
2 titres
3 titres

**32-Quand la France a-t-elle participé
pour la première fois
à la Coupe du monde ?**

1922
1926
1930

**33-Raymond Kopa est issu
d'une famille d'immigrés :**
Polonais
Espagnol
Allemand

**34-Lors de l'Euro 1984 en France,
Michel Platini a marqué :**

8 buts
9 buts
10 buts

**35-En finale de la Coupe du monde 2006
contre l'Italie, Zinedine Zidane
a reçu un carton rouge
pour avoir donné un coup de tête à :**

Marco Materazzi
Fabio Cannavaro
Gianluca Zambrotta

**36- Karim Benzema a commencé
sa carrière professionnelle
avec Lyon :**

2004
2005
2006

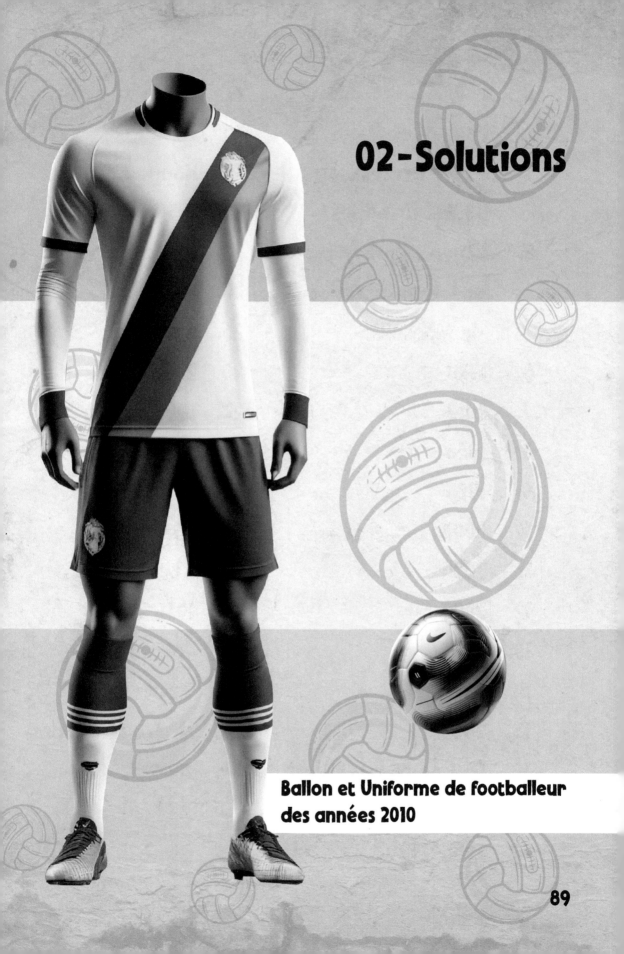

02-Solutions

Ballon et Uniforme de footballeur des années 2010

1. 1904
2. 1924
3. Bayer Leverkusen
4. US Valenciennes
5. L'Olympique Lillois et l'Olympique de Marseille
6. 1938
7. 2017
8. 1956
9. 1984
10. 2002
11. 2004
12. 2008
13. 1894
14. 2015
15. 2022
16. US Noeux-les-Mines
17. 34 ans
18. 1988 à 1992
19. Stade de Reims
20. Juventus
21. Hongrie
22. 1958
23. 3 fois
24. 1985
25. 6 saisons
26. 2021
27. 1991
28. 2 buts
29. 1970
30. AS Cannes
31. 2 titres
32. 1930
33. Polonais
34. 9 buts
35. Marco Materazzi
36. 2005

Printed in France by Amazon
Brétigny-sur-Orge, FR

20978836R00051